Impressum
Verlag: BABADADA GmbH, Nedderfeld 112 , 22529 Hamburg
Geschäftsführer / Verlagsleitung: Harald Hof
Druck: Books on Demand GmbH, In de Tarpen 42, 22848 Norderstedt

Imprint
Publisher: BABADADA GmbH, Nedderfeld 112 , 22529 Hamburg, Germany
Managing Director / Publishing direction: Harald Hof
Print: Books on Demand GmbH, In de Tarpen 42, 22848 Norderstedt

paaralan

l'école

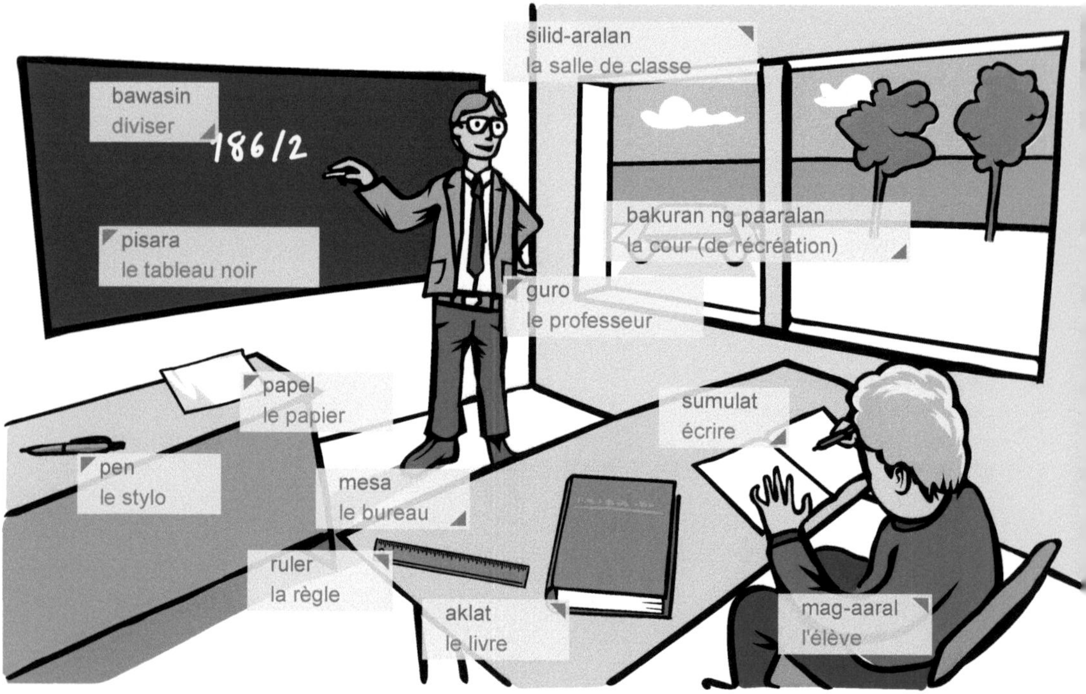
silid-aralan
la salle de classe
bawasin
diviser
186/2
pisara
le tableau noir
bakuran ng paaralan
la cour (de récréation)
guro
le professeur
papel
le papier
sumulat
écrire
pen
le stylo
mesa
le bureau
ruler
la règle
aklat
le livre
mag-aaral
l'élève

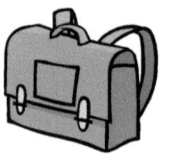

satchel

le cartable

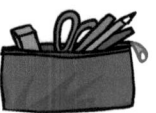

lalagyan ng lapis

la trousse

lapis

le crayon

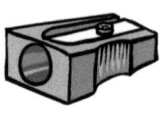

pantasa

le taille-crayon

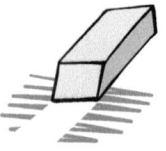

goma

la gomme

drowing pad

le carnet à dessin

drowing

le dessin

pinsel na pampinta

le pinceau

kahon ng pinta

la boîte de peinture

gunting

les ciseaux

pandikit

la colle

aklat para sa pagsasanay

le cahier d'exercices

takdang-aralin

les devoirs

numero

le chiffre

2+2

dagdagan

additionner

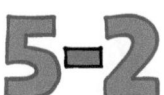

bawasin

soustraire

paramihin

multiplier

kalkulahin

calculer

liham

la lettre

alpabeto

l'alphabet

salita

le mot

teksto

le texte

basahin

lire

yeso

la craie

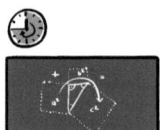

leksyon

la leçon

rehistro

le livre de classe

eksaminasyon

l'examen

sertipiko

le certificat

uniporme sa paaralan

l'uniforme scolaire

edukasyon

la formation

encyclopedia

le lexique

unibersidad

l'université

mikroskopyo

le microscope

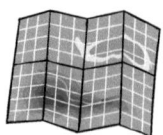

mapa

la carte

basurahan ng papel

la corbeille à papier

paglalakbay
le voyage

hotel
l'hôtel
Grand
hostel
l'auberge
ROOMS
EXCHANGE
tanggapan ng palitan ng pera
le bureau de change
maleta
la valise
kotse
la voiture

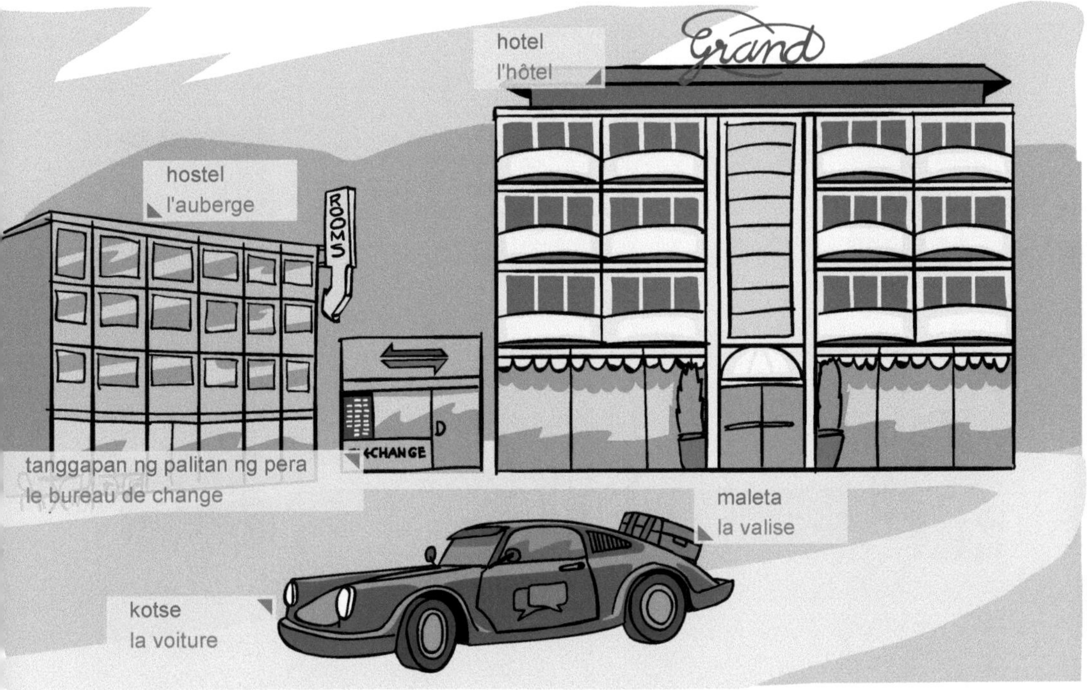

wika

la langue

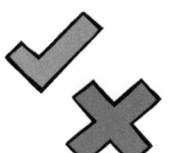

oo / hindi

oui / non

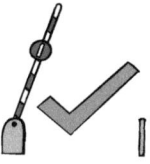

Okey

d'accord

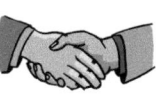

kumusta

Salut

tagapagsalin

l'interprète

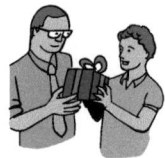

Salamat

merci

magkano ang...?

Combien coûte...?

Hindi ko maintindihan

Je ne comprends pas

problema

le problème

Magandang gabi!

Bonsoir !

Magandang umaga!

Bonjour !

Magandang gabi!

Bonne nuit !

paalam

Au revoir

direksyon

la direction

bahage

les bagages

bag

le sac

napsak

le sac-à-dos

panauhin

l'hôte

silid

la pièce

sakong tulugan

le sac de couchage

tolda

la tente

impormasyon ng turista

l'office de tourisme

dalampasigan

la plage

credit card

la carte de crédit

almusal

le petit-déjeuner

tanghalian

le déjeuner

hapunan

le dîner

tiket

le billet

elebeytor

l'ascenseur

selyo

le timbre

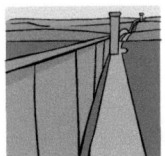

hangganan

la frontière

adwana

la douane

embahada

l'ambassade

visa

le visa

pasaporte

le passeport

transportasyon
le transport

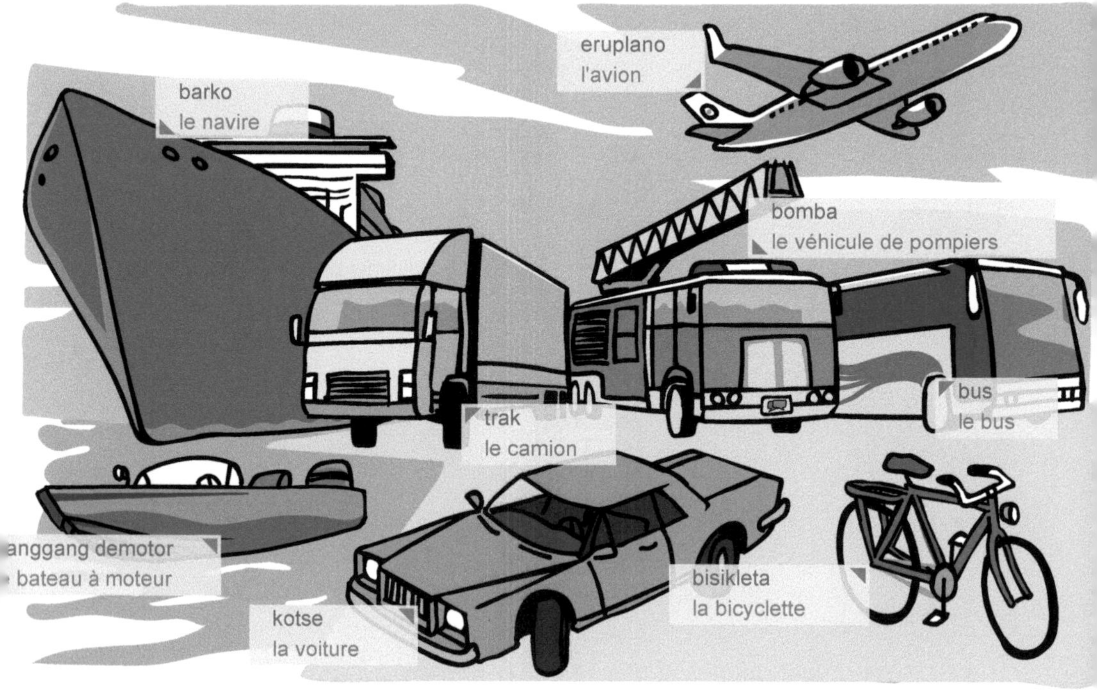

barko
le navire

eruplano
l'avion

bomba
le véhicule de pompiers

bus
le bus

trak
le camion

anggang demotor
bateau à moteur

kotse
la voiture

bisikleta
la bicyclette

lantsang pantawid
le ferry

bangka
la barque

motorsiklo
la moto

sasakyan ng pulis
la voiture de police

kotseng pangkarera
la voiture de course

nirerentahang kotse
la voiture de location

car sharing

l'auto-partage

trak na panghila

la voiture de remorquage

trak na pantapon ng basura

la benne à ordures

motor

le moteur

panggatong

l'essence

gasolinahan

la station d'essence

karatula ng trapiko

le panneau indicateur

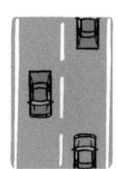

trapiko

le trafic

masikip na trapiko

l'embouteillage

paradahan ng kotse

le parking

estasyon ng tren

la gare

riles

les rails

tren

le train

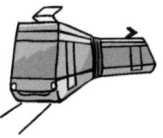

trambya

le tramway

wagon

le wagon

helikopter

l'hélicoptère

paliparan

l'aéroport

tore

la tour

pasahero

le passager

sisidlan

le conteneur

karton

le carton

kariton

le chariot

basket

la corbeille

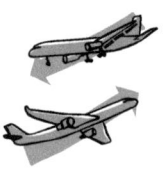

umalis / lumapag

décoller / atterrir

lungsod

la ville

nayon

le village

sentro ng lungsod

le centre-ville

bahay

la maison

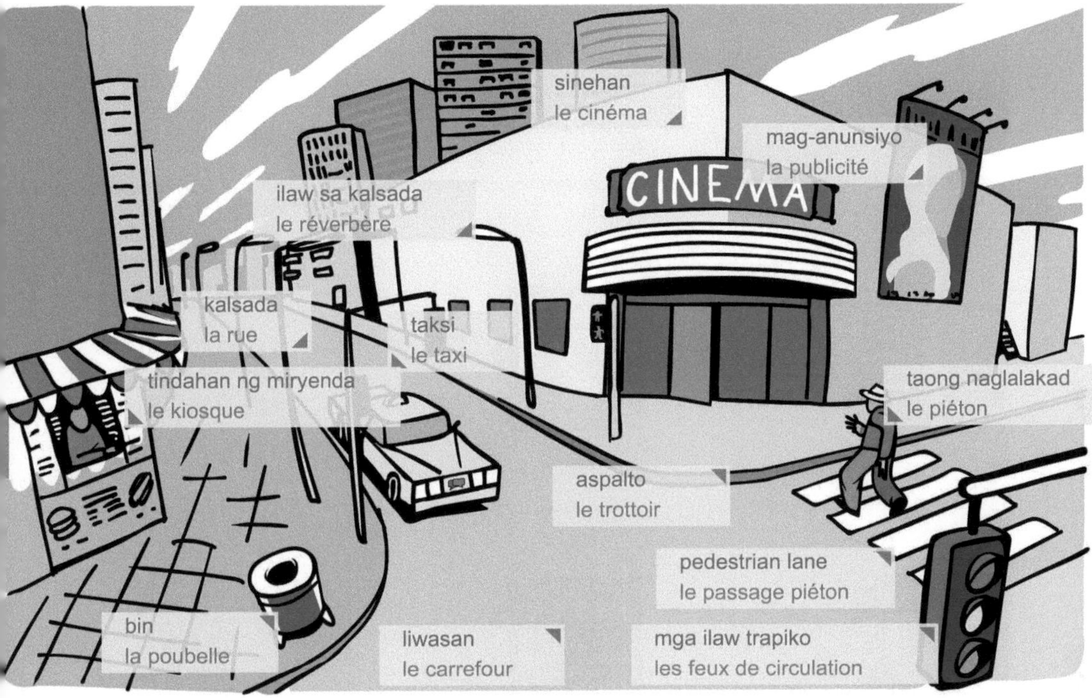

sinehan
le cinéma

mag-anunsiyo
la publicité

ilaw sa kalsada
le réverbère

CINEMA

kalsada
la rue

taksi
le taxi

tindahan ng miryenda
le kiosque

taong naglalakad
le piéton

aspalto
le trottoir

pedestrian lane
le passage piéton

bin
la poubelle

liwasan
le carrefour

mga ilaw trapiko
les feux de circulation

kubo
la cabane

patag
l'appartement

estasyon ng tren
la gare

munisipyo
la mairie

museo
le musée

paaralan
l'école

unibersidad

l'université

bangko

la banque

ospital

l'hôpital

hotel

l'hôtel

parmasya

la pharmacie

opisina

le bureau

tindahan ng aklat

la librairie

tindahan

le magasin

tindahan ng bulaklak

le fleuriste

supermarket

le supermarché

palengke

le marché

department store

le grand magasin

tindahan ng isda

la poissonnerie

sentrong pamilihan

le centre commercial

daungan

le port

parke

le parc

bangko

la banque

tulay

le pont

hagdan

les escaliers

underground

le métro

tunel

le tunnel

hintuan ng bus

l'arrêt de bus

bar

le bar

restawran

le restaurant

kahon ng koreo

la boîte à lettres

karatula sa kalsada

le panneau indicateur

metro ng paradahan

le parcmètre

zoo

le zoo

swimming pool

le réverbère

moske

la mosquée

bukid
la ferme

polusyon
la pollution

libingan
la cimetière

simbahan
l'église

palaruan
l'aire de jeux

templo
le temple

tanawin

le paysage

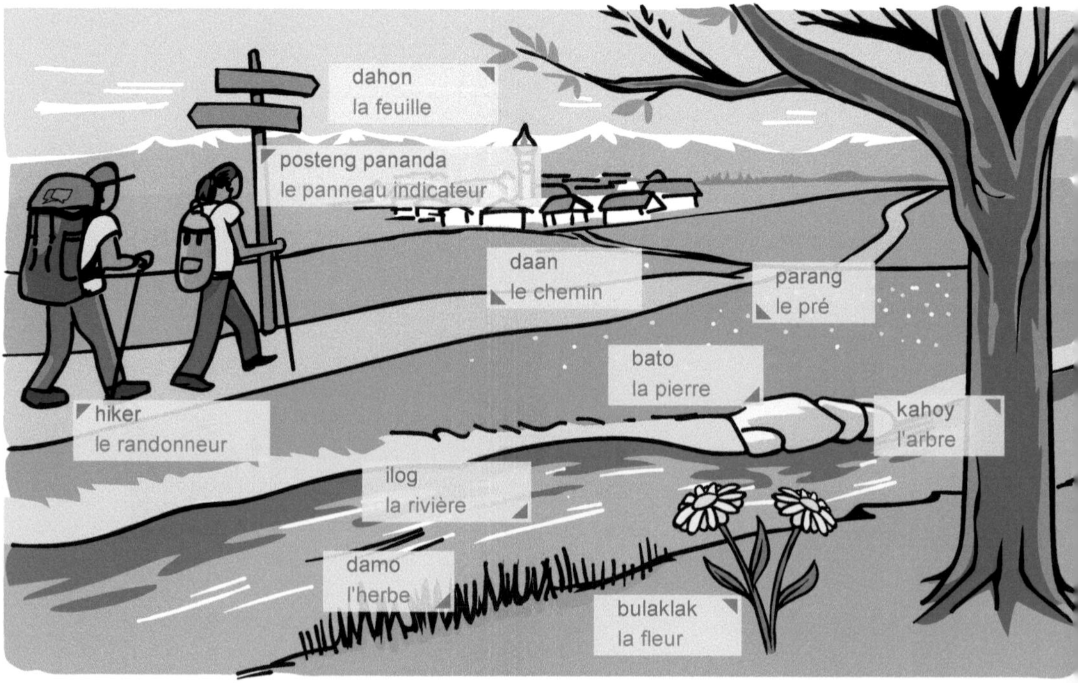

dahon
la feuille

posteng pananda
le panneau indicateur

daan
le chemin

parang
le pré

bato
la pierre

kahoy
l'arbre

hiker
le randonneur

ilog
la rivière

damo
l'herbe

bulaklak
la fleur

lambak

la vallée

burol

la montagne

look

le lac

kagubatan

la forêt

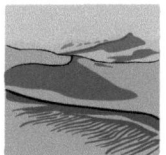

disyerto

le désert

bulkan

le volcan

kastilyo

le château

bahaghari

l'arc-en-ciel

kabute

le champignon

palmera

le palmier

lamok

le moustique

langaw

la mouche

langgam

les fourmis

bubuyog

l'abeille

gagamba

l'araignée

salagubang

le coléoptère

palaka

la grenouille

ardilya

l'écureuil

parkupino

le hérisson

liyebre

le lièvre

kuwago

la chouette

ibon

l'oiseau

sisne

le cygne

bulugan

le sanglier

usa

le cerf

moose

l'élan

dam

le barrage

turbina ng hangin

l'éolienne

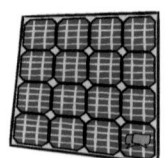

solar panel

le panneau solaire

klima

le climat

waiter
le serveur

putahe
le menu

silya
la chaise

sopas
la soupe

pizza
la pizza

kubyertos
les couverts

mantel
la nappe

panimula

les hors d'œuvre

pangunahing pagkain

le plat principal

panghimagas

le dessert

inumin

les boissons

pagkain

l'alimentation

bote

la bouteille

fastfood

le fast-food

pagkaing kalye

les plats à emporter

tsarera

la théière

panutsa

le sucrier

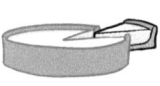

bahagi

la portion

espresso machine

la machine à expresso

mataas na upuan

la chaise haute

bayarin

la facture

bandehado

le plateau

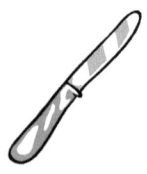

kutsilyo

le couteau

tinidor

la fourchette

kutsara

la cuillère

kutsarita

la cuillère à thé

serviette

la serviette

baso

le verre

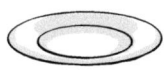

pinggan

l'assiette

platong pansopas

l'assiette à soupe

platito

la soucoupe

sawsawan

la sauce

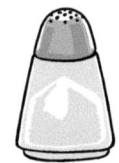

pangkalog ng asin

la salière

panggiling ng paminta

le moulin à poivre

suka

le vinaigre

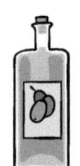

langis

l'huile

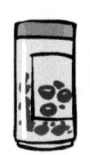

pampalasa

les épices

ketsup

le ketchup

mustasa

la moutarde

mayonnaise

la mayonnaise

supermarket
le supermarché

espesyal na alok
l'offre promotionnelle
FOR
kustomer
le client
produktong mantikilya
les produits laitiers
prutas
les fruits
troli
le chariot

BUTCHERS

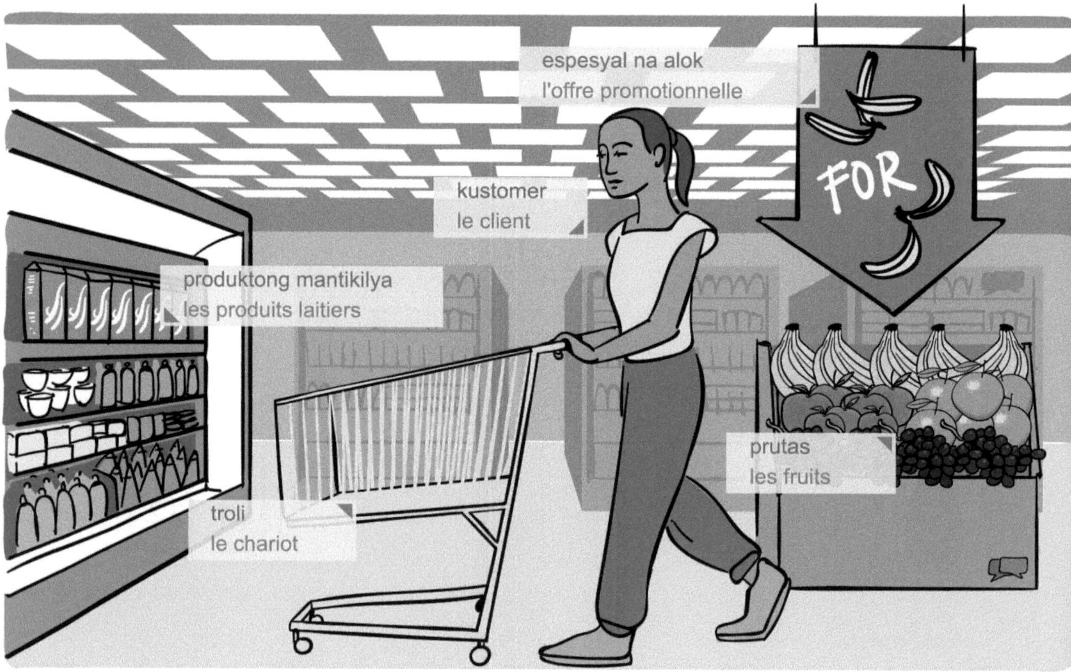

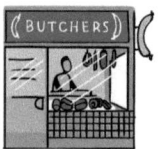

butser

la boucherie

BAKERY

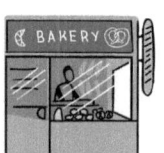

panaderya

la boulangerie

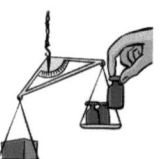

timbang

peser

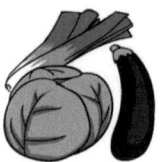

mga gulay

les légumes

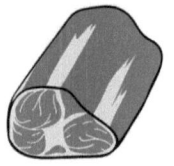

karne

la viande

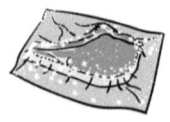

pinalamig na pagkain

les aliments surgelés

malamig na karne

la charcuterie

delatang pagkain

les conserves

pulbos na panlaba

la poudre à lessive

matatamis

les bonbons

mga produktong pambahay

les articles ménagers

mga produktong panlinis

les détergents

tindera

la vendeuse

cash register

la caisse

kahera

le caissier

listahan ng pinamili

la liste d'achats

oras ng pagbubukas

les heures d'ouverture

pitaka

le portefeuille

credit card

la carte de crédit

bag

le sac

plastik bag

le sac en plastique

tubig

l'eau

juice

le jus de fruit

gatas

le lait

coke

le coca

alak

le vin

serbesa

la bière

alak

l'alcool

kakaw

le chocolat chaud

tsaa

le thé

kape

le café

espresso

l'expresso

cappuccino

le cappuccino

saging

la banane

mansanas

la pomme

kahel

l'orange

melon

le melon

limon

le citron.

carrot

la carotte

bawang

l'ail

kawayan

le bambou

sibuyas

l'oignon

kabute

le champignon

mani

les noisettes

noodles

les pâtes

spaghetti

les spaghetti

bigas

le riz

ensalada

la salade

chips

les pommes frites

pritong patatas

les pommes de terre rôties

pizza

la pizza

hamburger

le hamburger

sandwich

le sandwich

piraso ng karneng walang buto

l'escalope

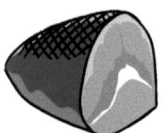

hamon

le jambon

salami

le salami

tsoriso

la saucisse

manok

le poulet

inihaw

le rôti

isda

le poisson

mga porridge oat

les flocons d'avoine

muesli

le muesli

cornflakes

les cornflakes

harina

la farine

croissant

le croissant

rolyong tinapay

les petits-pains

tinapay

le pain

tostado

le pain grillé

biskuwit

les biscuits

mantikilya

le beurre

keso

le fromage blanc

keyk

le gâteau

itlog

l'œuf

pritong itlog

l'œuf au plat

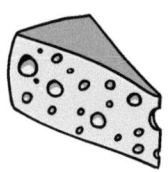

keso

le fromage

sorbetes

la glace

asukal

le sucre

pulot

le miel

jam

la confiture

tsokolateng pinapahid

la crème nougat

curry

le curry

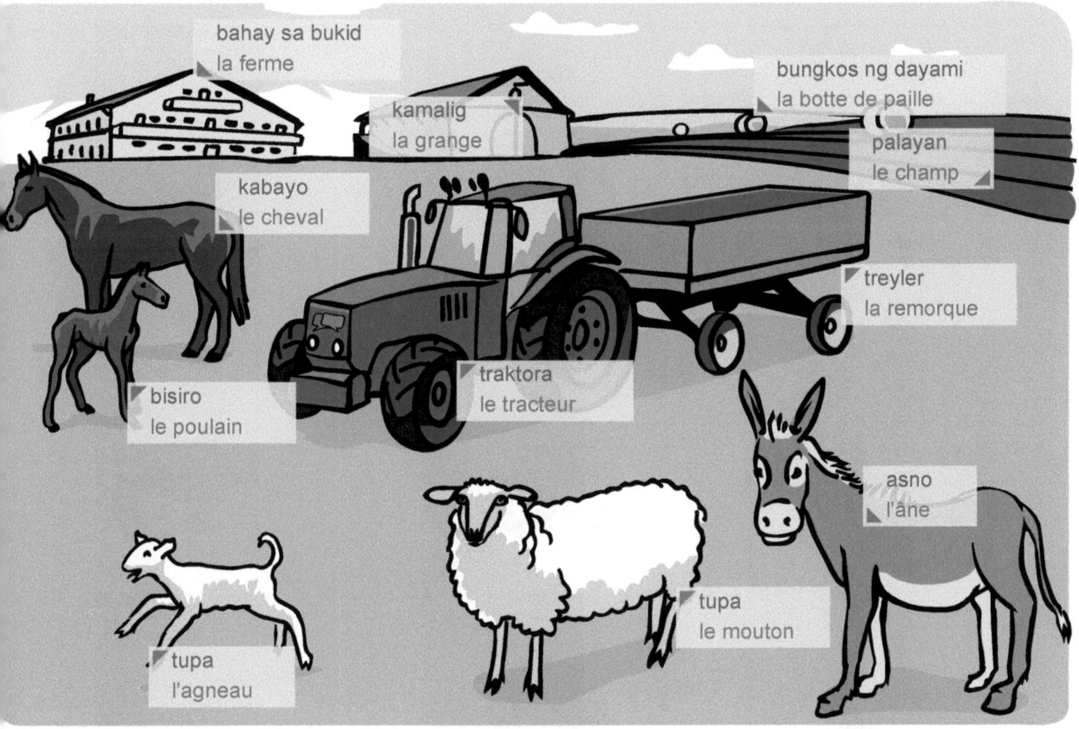

bahay sa bukid
la ferme

kamalig
la grange

bungkos ng dayami
la botte de paille

palayan
le champ

kabayo
le cheval

treyler
la remorque

bisiro
le poulain

traktora
le tracteur

asno
l'âne

tupa
le mouton

tupa
l'agneau

kambing

la chèvre

baka

la vache

guya

le veau

baboy

le porc

biik

le porcelet

toro

le taureau

gansa

l'oie

pato

le canard

sisiw

le poussin

inahin

la poule

katyaw

le coq

daga

le rat

pusa

le chat

daga

la souris

kapong baka

le bœuf

aso

le chien

bahay ng aso

le chenil

hose sa hardin

le tuyau de jardin

latang pandilig

l'arrosoir

haras

la faucheuse

araro

la charrue

karit

la faucille

asarol

la pioche

tuhugin

la fourche

palakol

la hache

karitela

la brouette

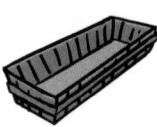

sabsaban

la cuve

lata ng gatas

le pot à lait

sako

le sac

bakod

la clôture

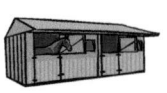

kuwadra

l'étable

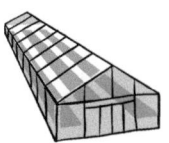

punlaan

le serre

lupa

le sol

buto

les semences

pataba

l'engrais

combine harvester

la moissonneuse-batteuse

mag-ani

récolter

ani

la récolte

yams

l'igname

trigo

le blé

soya

le soja

patatas

la pomme de terre

mais

le maïs

rapeseed

le colza

kahoy na namumunga

l'arbre fruitier

kamoteng kahoy

le manioc

siryal

les céréales

bahay
la maison

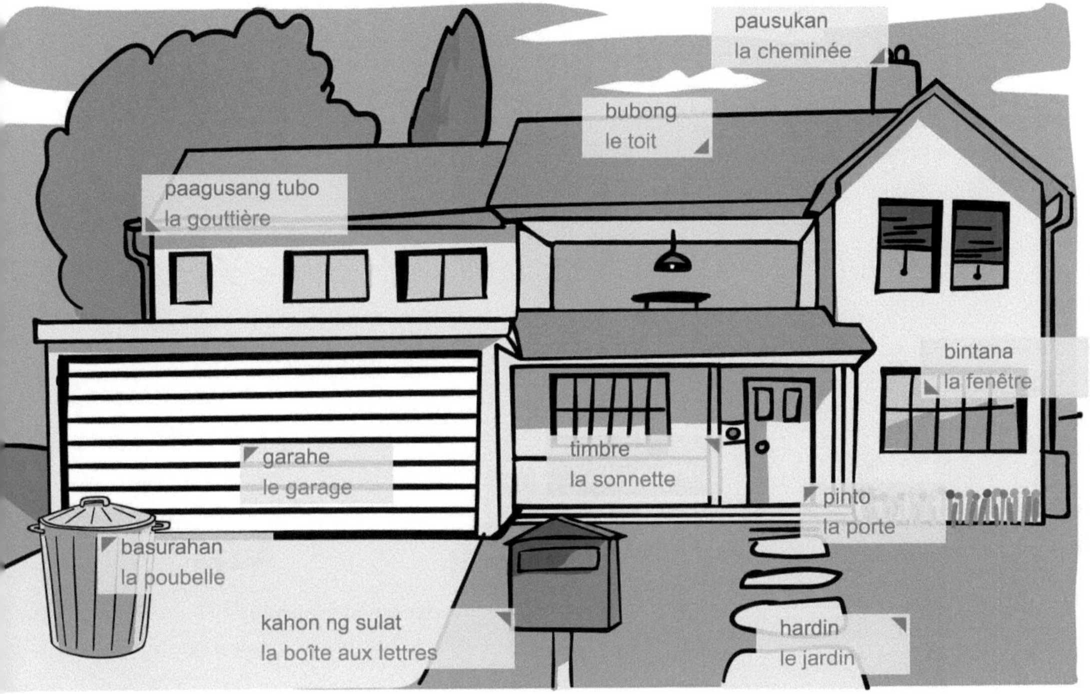
pausukan
la cheminée
bubong
le toit
paagusang tubo
la gouttière
bintana
la fenêtre
timbre
la sonnette
garahe
le garage
pinto
la porte
basurahan
la poubelle
kahon ng sulat
la boîte aux lettres
hardin
le jardin

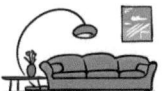

salas

le salon

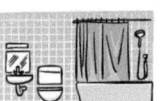

palikuran

la salle de bain

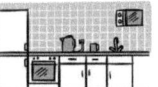

kusina

la cuisine

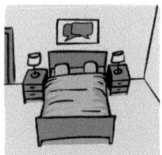

silid-tulugan

la chambre à coucher

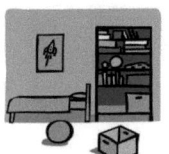

silid ng bata

la chambre d'enfant

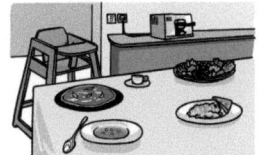

hapag-kainan

la salle à manger

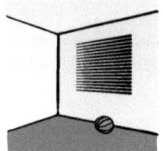

sahig

le sol

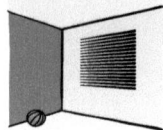

pader

le mur

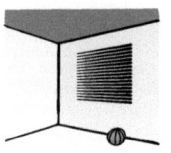

kisame

le plafond

bodega ng alak

la cave

sauna

le sauna

balkonahe

le balcon

terasa

la terrasse

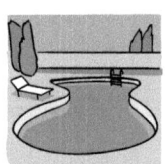

pool

la piscine

pamputol ng damo

la tondeuse à gazon

piraso ng papel

la housse

kobrekama

la couette

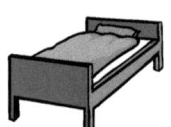

higaan

le lit

walis

le balai

timba

le sceau

pindutan

l'interrupteur

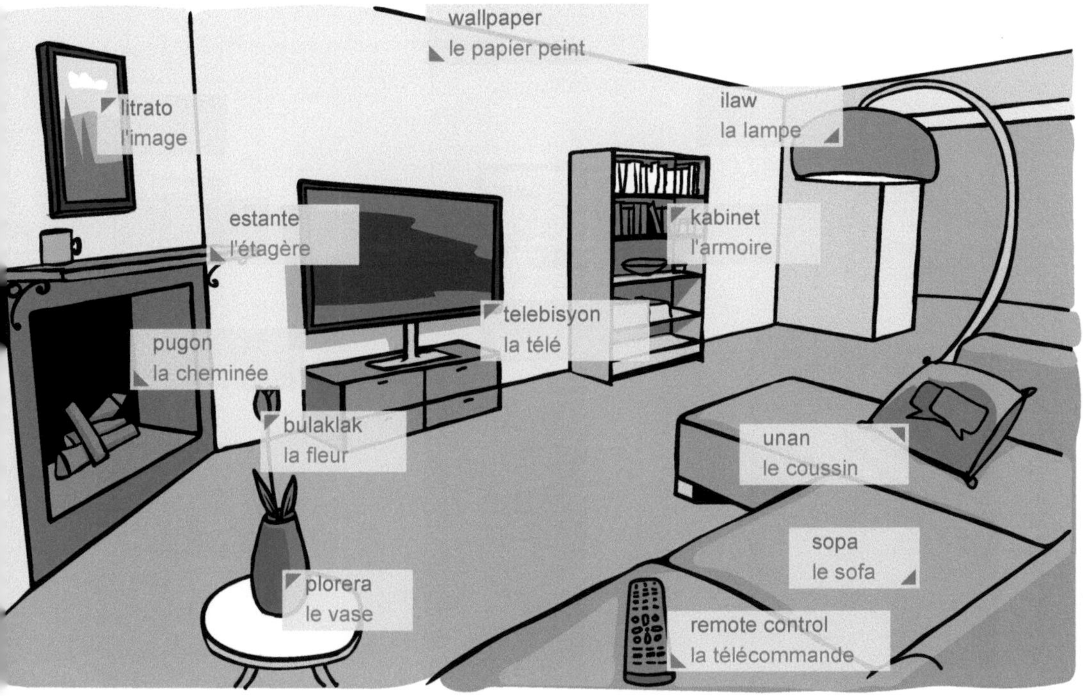

wallpaper
le papier peint

litrato
l'image

ilaw
la lampe

estante
l'étagère

kabinet
l'armoire

pugon
la cheminée

telebisyon
la télé

bulaklak
la fleur

unan
le coussin

sopa
le sofa

plorera
le vase

remote control
la télécommande

karpet

le tapis

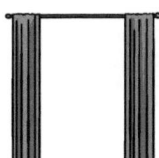

kurtina

le rideau

mesa

la table

silya

la chaise

tumba-tumba

la chaise à bascule

sandalan

le fauteuil

salas - le salon

33

aklat

le livre

kumot

la couverture

dekorasyon

la décoration

kahoy na panggatong

le bois de chauffage

pelikula

le film

hi-fi

la chaîne hi-fi

susi

la clé

dyaryo

le journal

pinta

la peinture

poster

le poster

radyo

la radio

kuwaderno

le bloc-notes

vacuum cleaner

l'aspirateur

kaktus

le cactus

kandila

la bougie

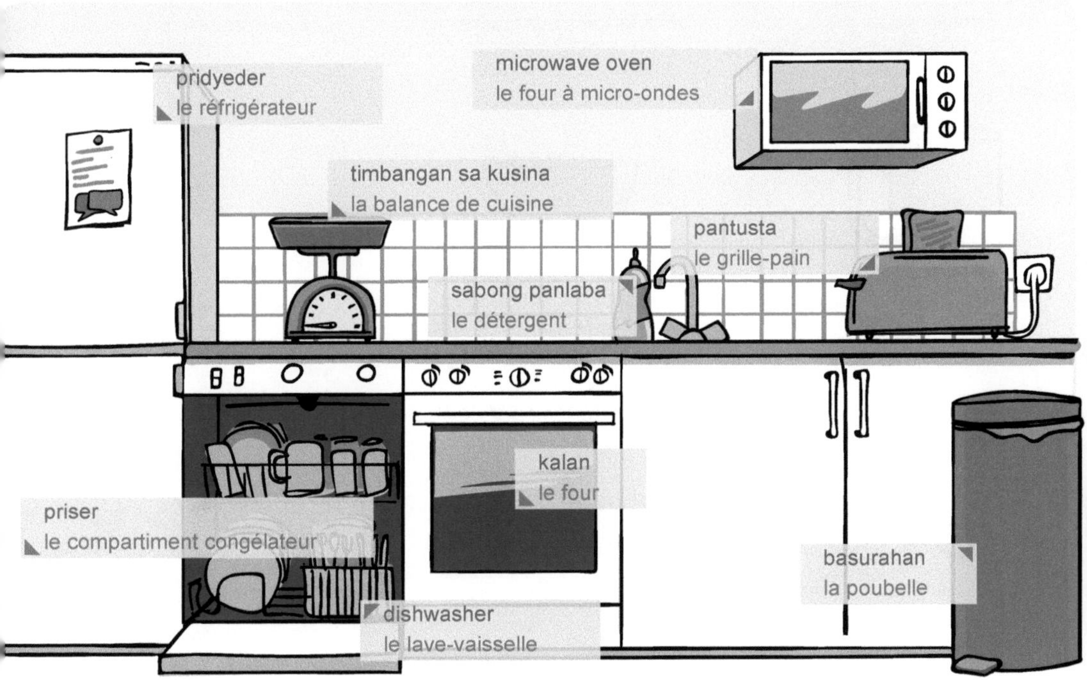

microwave oven
le four à micro-ondes

pridyeder
le réfrigérateur

timbangan sa kusina
la balance de cuisine

pantusta
le grille-pain

sabong panlaba
le détergent

kalan
le four

priser
le compartiment congélateur

basurahan
la poubelle

dishwasher
le lave-vaisselle

lutuan

le four

kaldero

la casserole

kalderong bakal

la marmite

wok / kadai

le wok / kadai

kawali

la poêle

takore

la bouilloire electrique

pasingawan

le cuiseur vapeur

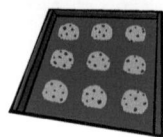

bandehado sa paghuhurno

la plaque de cuisson

babasagin

la vaisselle

mug

le gobelet

mangkok

la coupe

sipit ng intsik

les baguettes

sandok

la louche

spatula

la spatule

pampalis

le fouet

pansala

la passoire

salaan

le tamis

pangkayod

la râpe

almires

le mortier

barbikyo

le barbecue

siga

la cheminée

tadtaran

la planche à découper

rodilyo

le rouleau à pâtisserie

tribuson

le tire-bouchon

lata

la boîte

pambukas ng lata

l'ouvre-boîte

panghawak ng kaldero

les maniques

lababo

le lavabo

bras

la brosse

espongha

l'éponge

blender

le mixeur

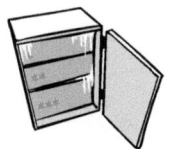

malalim na freezer

le congélateur

bote ng sanggol

le biberon

gripo

le robinet

palikuran

la salle de bain

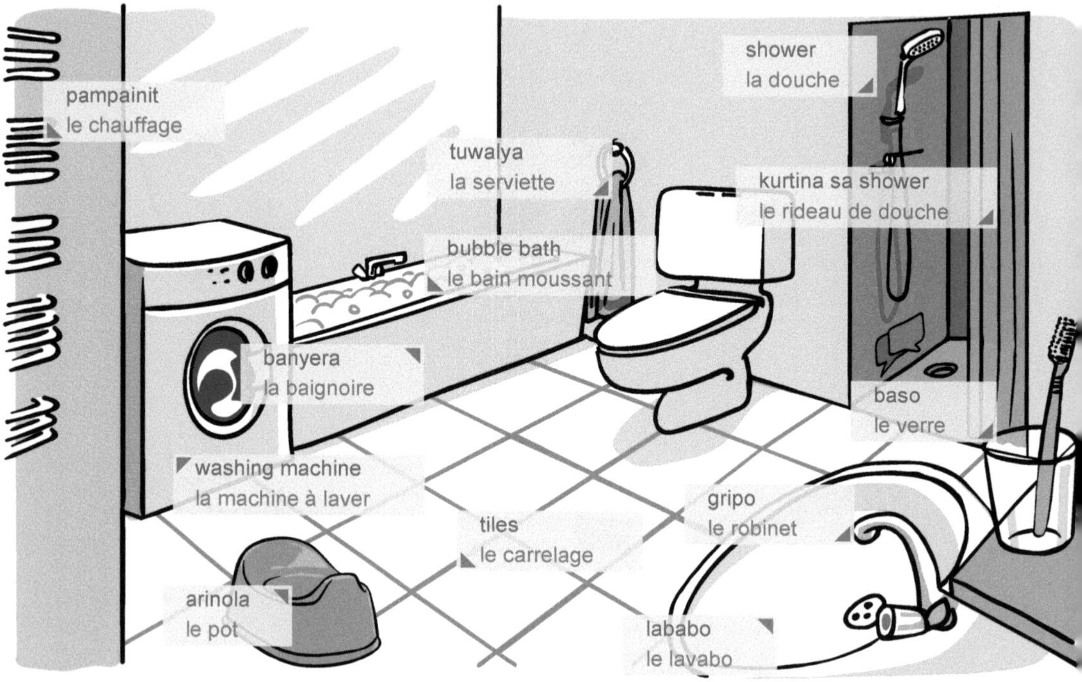

pampainit
le chauffage
tuwalya
la serviette
shower
la douche
kurtina sa shower
le rideau de douche
bubble bath
le bain moussant
banyera
la baignoire
baso
le verre
washing machine
la machine à laver
gripo
le robinet
tiles
le carrelage
arinola
le pot
lababo
le lavabo

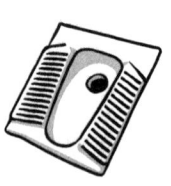

banyo

les toilettes

squat toilet

la toilette à la turque

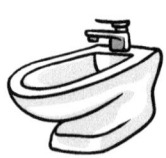

bidet

le bidet

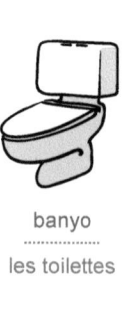

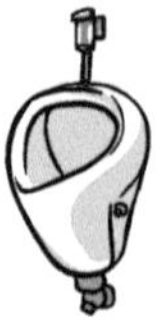

ihian

l'urinoir

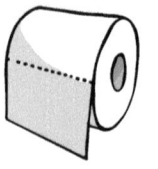

toilet paper

le papier toilette

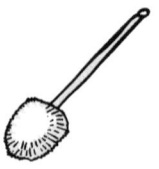

iskoba sa banyo

la brosse à toilette

sipilyo

la brosse à dents

tutpeyst

le dentifrice

dental floss

le fil dentaire

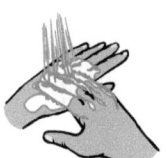

hugasan

laver

shower na hinahawakan

la douche manuelle

dutsa

la douche intime

palanggana

la vasque

bras panlikod

la brosse dorsale

sabon

le savon

shower gel

le gel douche

shampoo

le shampooing

pranela

le gant de toilette

paagusan

l'écoulement

krema

la crème

deodorant

le déodorant

salamin

le miroir

salaming hinahawakan

le miroir cosmétique

pang-ahit

le rasoir

bulang pang-ahit

la mousse à raser

aftershave

l'après-rasage

suklay

la peigne

brush

la brosse

pantuyo ng buhok

le sèche-cheveux

sprey sa buhok

la laque pour cheveux

makeup

le fond de teint

lipistik

le rouge à lèvres

pampakintab ng kuko

le vernis à ongles

bulak na lana

l'ouate

panggupit ng kuko

le coupe-ongles

pabango

le parfum

washbag

la trousse de toilette

stool

le tabouret

timbangan

le pèse-personne

bata

le peignoir

gomang guwantes

les gants de nettoyage

tampon

le tampon

malinis na tuwalya

les serviettes hygiéniques

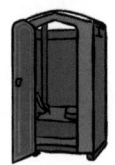

chemical toilet

la toilette chimique

silid ng bata
la chambre d'enfant

alarm clock
le réveil
nayayakap na laruan
le doudou
laruang kotse
la voiture jouet
kuliling
le hochet
bahay ng manika
la maison de poupée
regalo
le cadeau

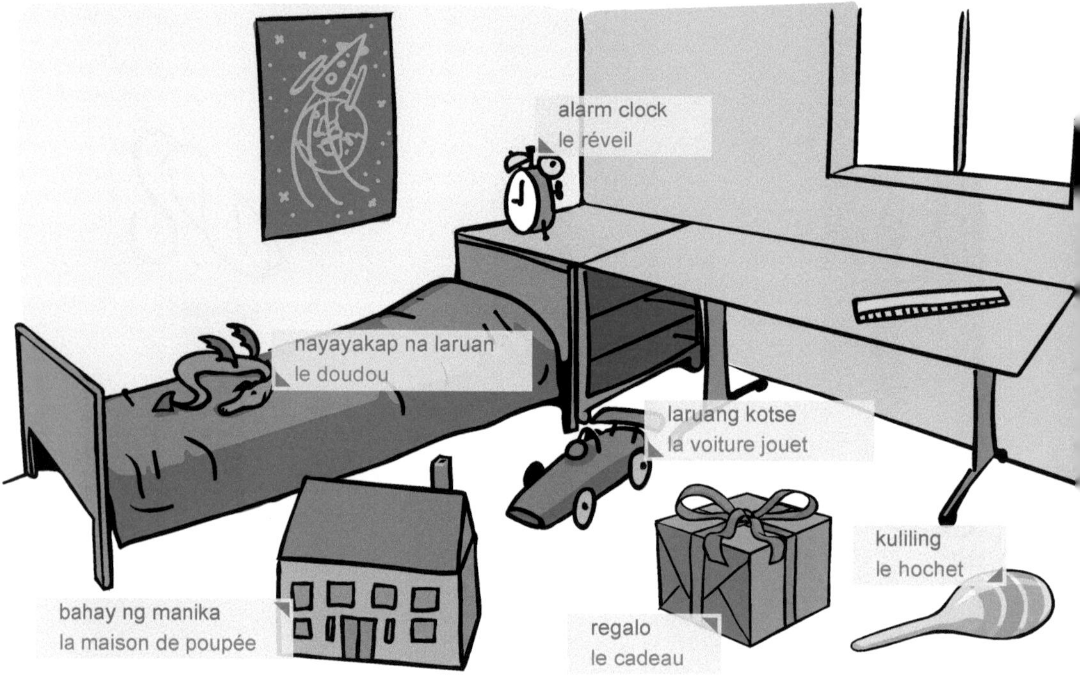

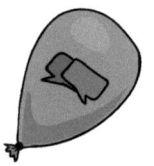

lobo
le ballon

higaan
le lit

pram
la poussette

hanay ng mga baraha
le jeu de cartes

jigsaw
le puzzle

SUPER MEGA

komiks
la bande dessinée

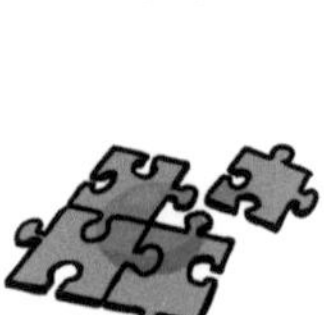

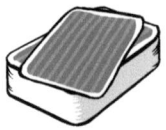

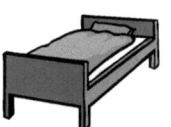

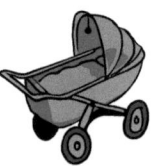

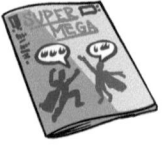

lego bricks

les pièces lego

blokeng laruan

les blocs de construction

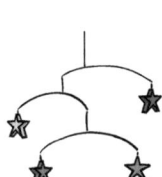

action figure

la figurine

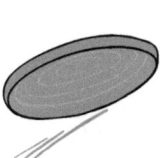

paglaki ng sanggol

la grenouillère

frisbee

le frisbee

mobile

le mobile

board game

le jeu de société

dice

le dé

model train set

le train miniature

manikin

la sucette

salu-salo

la fête

aklat ng mga litrato

le livre d'images

bola

la balle

manika

la poupée

maglaro

jouer

tibagan ng buhangin

le bac à sable

duyan

la balançoire

mga laruan

les jouets

video game console

la console de jeu

traysikel

le tricycle

teddy bear

l'ours en peluche

aparador

l'armoire

pananamit

les vêtements

medyas

les chaussettes

stockings

les bas

pampitis

le collant

bandana
l'écharpe

sinturon
la ceinture

payong
le parapluie

t-shirt
le t-shirt

sneakers
les baskets

bota
les bottes

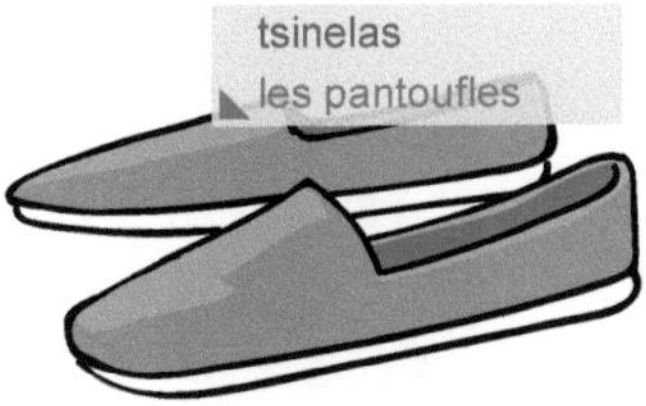

tsinelas
les pantoufles

sandalyas
les sandales

sapatos
les chaussures

botang degoma
les bottes de caoutchouc

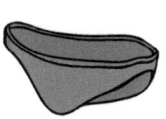

salawal
les sous-vêtements

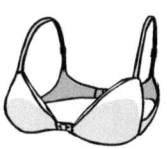

bra
le soutien-gorge

tsaleko
le maillot de corps

katawan

le body

pantalon

le pantalon

jeans

le jean

palda

la jupe

blusa

le chemisier

kamiseta

la chemise

pullover

le pull

panlamig

le sweat à capuche

blazer

la veste

diyaket

la veste

kapa

le manteau

kapote

l'imperméable

kasuotan

le costume

bistida

la robe

damit pangkasal

la robe de mariée

terno

le costume

damit pantulog

la chemise de nuit

padyama

le pyjama

sari

le sari

bandana sa ulo

le foulard

turban

le turban

burka

la burqa

kaftan

le caftan

abaya

l'abaya

panlangoy

le maillot de bain

trunks

le maillot de bain

salawal

le short

tracksuit

la tenue d'entraînement

apron

le tablier

guwantes

les gants

butones

le bouton

salamin

les lunettes

pulseras

le bracelet

kuwintas

le collier

singsing

la bague

hikaw

la boucle d'oreille

takip

le bonnet

sabitan ng kapa

le cintre

sombrero

le chapeau

kurbata

la cravate

siper

la fermeture éclair

helmet

le casque

tirante

les bretelles

uniporme sa paaralan

l'uniforme scolaire

uniporme

l'uniforme

bibero

le bavoir

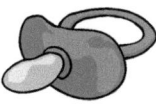

manikin

la sucette

lampin

la lange

opisina
le bureau

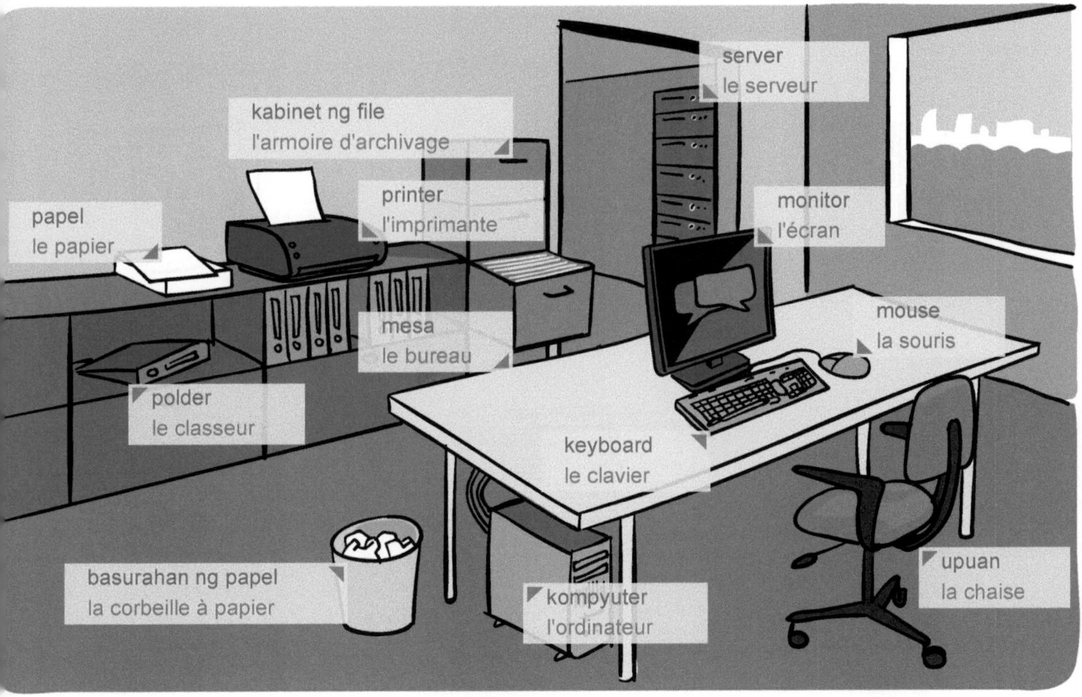

server
le serveur

kabinet ng file
l'armoire d'archivage

printer
l'imprimante

monitor
l'écran

papel
le papier

mesa
le bureau

mouse
la souris

polder
le classeur

keyboard
le clavier

basurahan ng papel
la corbeille à papier

upuan
la chaise

kompyuter
l'ordinateur

tasa ng kape

la tasse de café

calculator

la calculatrice

internet

l'internet

laptop

l'ordinateur portable

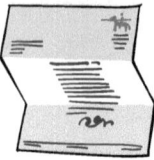

sulat

la lettre

mensahe

le message

mobile

le portable

network

le réseau

photocopier

la photocopieuse

software

le logiciel

telepono

le téléphone

saksakan

la prise

fax machine

le fax

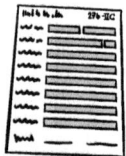

anyo

le formulaire

dokumento

le document

bumili

acheter

magbayad

payer

ikalakal

faire du commerce

pera

la monnaie

dolyar

le dollar

euro

l'euro

yen

le yen

rublo

le rouble

swiss franc

le franc suisse

renminbi yuan

le renminbi yuan

rupee

la roupie

cash point

le distributeur automatique

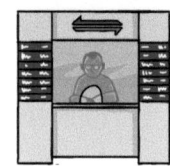

tanggapan ng palitan ng pera
le bureau de change

ginto
l'or

tanso
l'argent

langis
le pétrole

enerhiya
l'énergie

presyo
le prix

kontrata
le contrat

buwis
la taxe

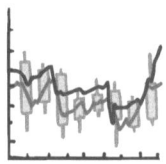

stock
l'action

trabaho
travailler

empleyado
l'employé

taga-empleyo
l'employeur

pabrika
l'usine

tindahan
le magasin

mga trabaho
les professions

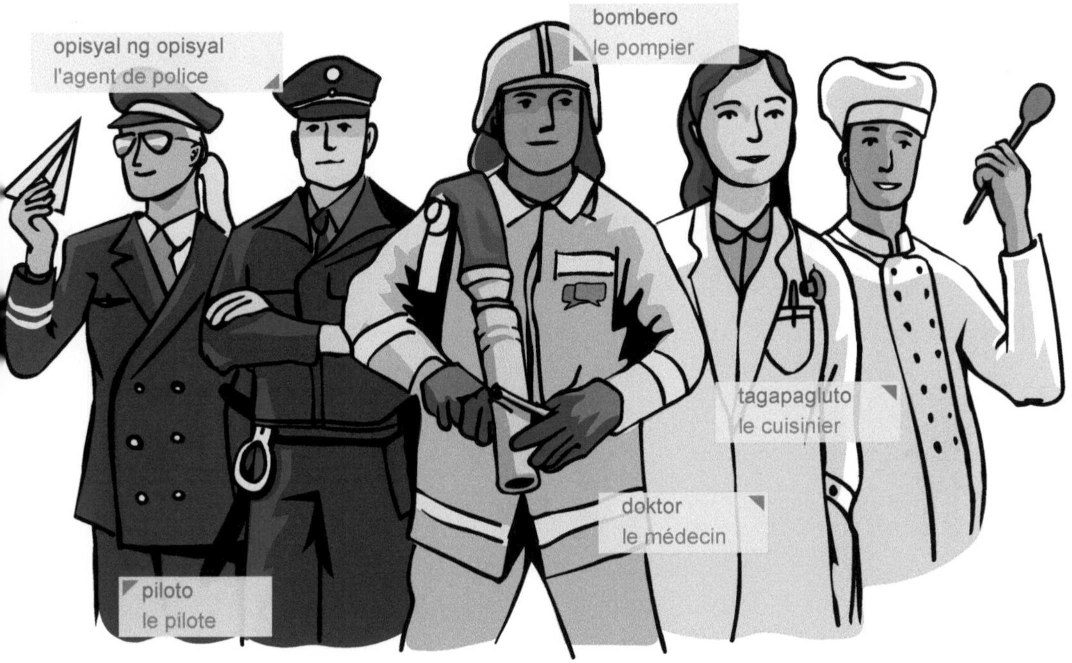

opisyal ng opisyal
l'agent de police
bombero
le pompier
tagapagluto
le cuisinier
doktor
le médecin
piloto
le pilote

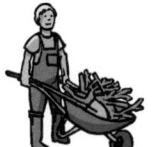

hardinero

le jardinier

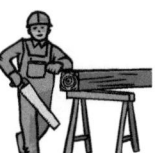

karpentero

le menuisier

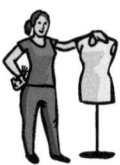

mananahi

la couturière

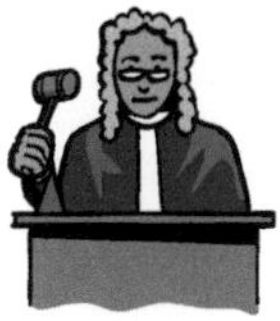

hukom

le juge

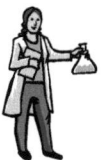

kemiko

le chimiste

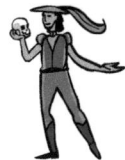

aktor

l'acteur

tsuper ng bus

le conducteur de bus

tsuper ng taxi

le chauffeur de taxi

mangingisda

le pêcheur

tagapaglinis

la femme de ménage

tagapagkabit ng bubong

le couvreur

waiter

le serveur

mangangaso

le chasseur

pintor

le peintre

panadero

le boulanger

elektrisyan

l'électricien

tagapagtayo

l'ouvrier

inhinyero

l'ingénieur

magkakarne

le boucher

tubero

le plombier

kartero

le facteur

mga trabaho - les professions

sundalo

le soldat

arkitekto

l'architecte

kahera

le caissier

magtitinda ng bulaklak

le fleuriste

manggugupit

le coiffeur

konduktor

le contrôleur

mekaniko

le mécanicien

kapitan

le capitaine

dentista

le dentiste

siyentipiko

le scientifique

rabbi

le rabbin

imam

l'imam

monghe

le moine

klero

le prêtre

mga kagamitan

les outils

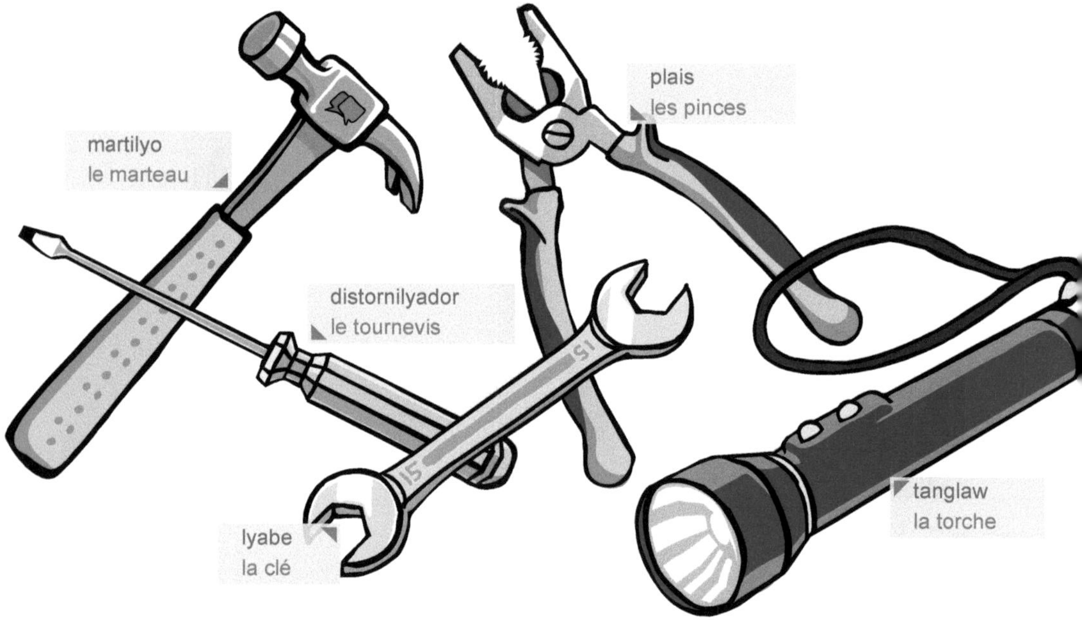
martilyo
le marteau
plais
les pinces
distornilyador
le tournevis
lyabe
la clé
tanglaw
la torche

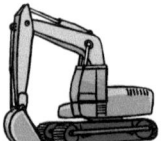

panghukay

la pelleteuse

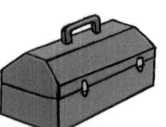

toolbox

la boîte à outils

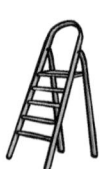

hagdan

l'échelle

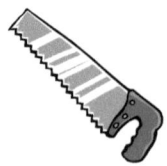

lagari

la scie

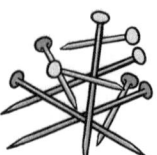

mga pako

les clous

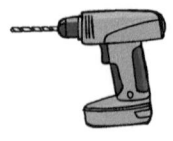

pambutas

la perceuse

kumpunihin

réparer

pala

la pelle

Kainis!

Mince !

pandakot

la pelle

palayok ng pintura

le pot de peinture

mga tornilyo

les vis

mga pangmusikang instrumento
les instruments de musique

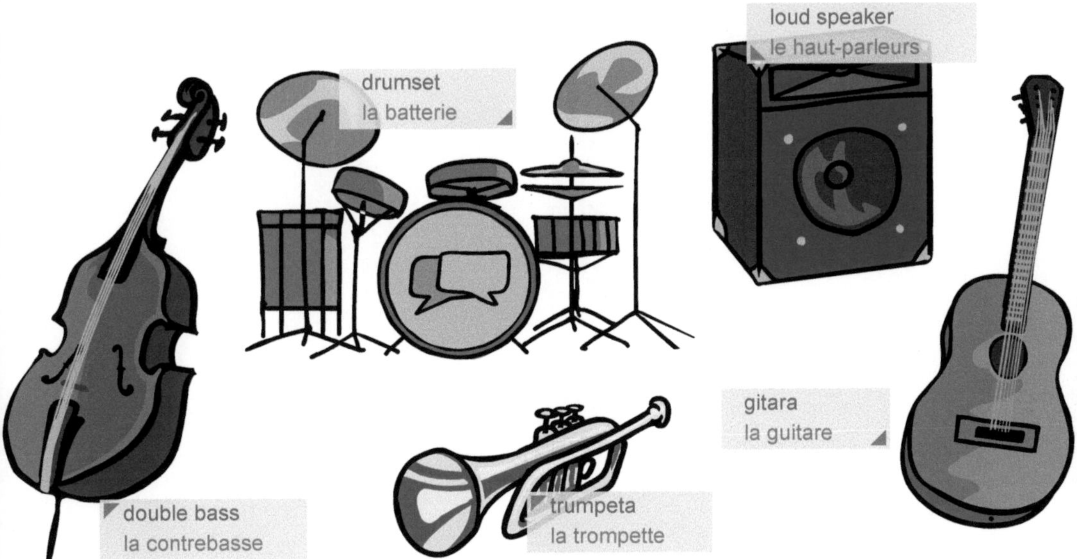

drumset
la batterie

loud speaker
le haut-parleurs

gitara
la guitare

double bass
la contrebasse

trumpeta
la trompette

piyano

le piano

biyolin

le violon

bass

la basse

timpani

les timbales

mga drum

le tambour

keyboard

le piano électrique

saksopon

le saxophone

plauta

la flûte

mikropono

le microphone

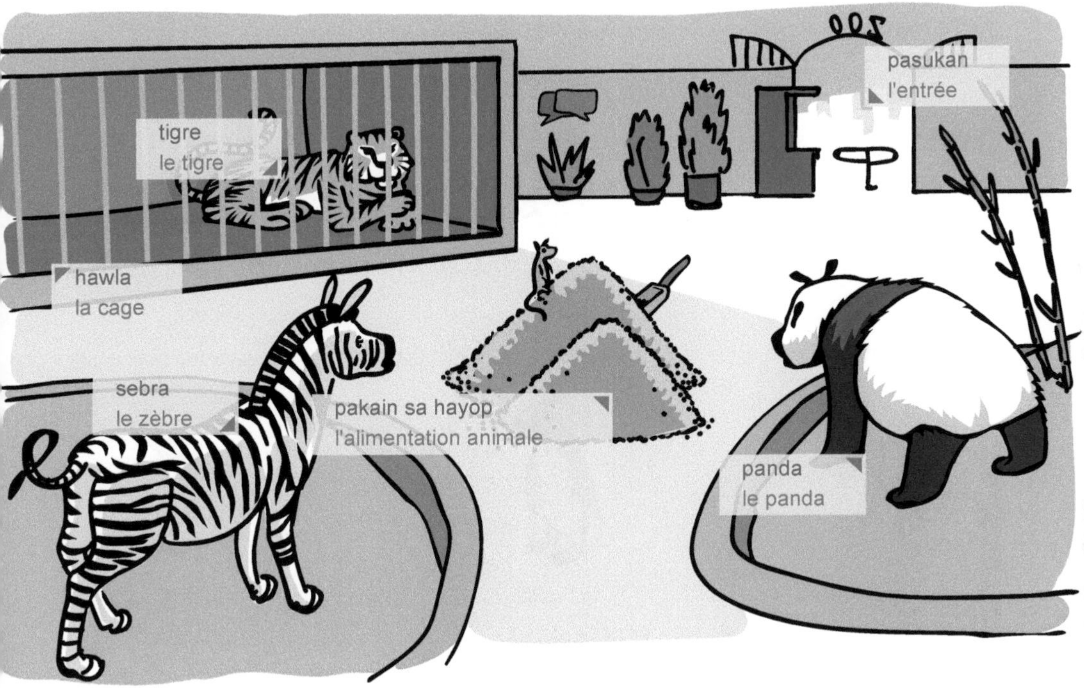

tigre
le tigre

pasukan
l'entrée

hawla
la cage

sebra
le zèbre

pakain sa hayop
l'alimentation animale

panda
le panda

mga hayop

les animaux

elepante

l'éléphant

kanggaro

le kangourou

rhino

le rhinocéros

gorilya

le gorille

oso

l'ours

kamelyo

le chameau

ostrich

l'autruche

leon

le lion

unggoy

le singe

flamingo

le flamand rose

loro

le perroquet

polar bear

l'ours polaire

penguin

le pingouin

pating

le requin

paboreal

le paon

ahas

le serpent

buwaya

le crocodile

tagapag-alaga ng zoo

le gardien de zoo

seal

le phoque

jaguar

le jaguar

buriko

le poney

leopardo

le léopard

hipo

l'hippopotame

dyirap

la girafe

agila

l'aigle

bulugan

le sanglier

isda

le poisson

pagong

la tortue

walrus

le morse

soro

le renard

gasel

la gazelle

Amerikanong putbol
l'american Football

pamimisikleta
le cyclisme

tennis
le tennis

basketbol
le basket-ball

paglalangoy
la natation

boksing
la boxe

ice-hockey
le hockey sur glace

soccer
le football

badminton
le badminton

atletiks
l'athlétisme

handball
le handball

skiing
le ski

polo
le polo

mga aktibidad
les activités

tumawa
rire
tumalon
sauter
yakapin
embrasser
lumakad
marcher
kumanta
chanter
mangarap
rêver
magdasal
prier
halikan
faire la bise

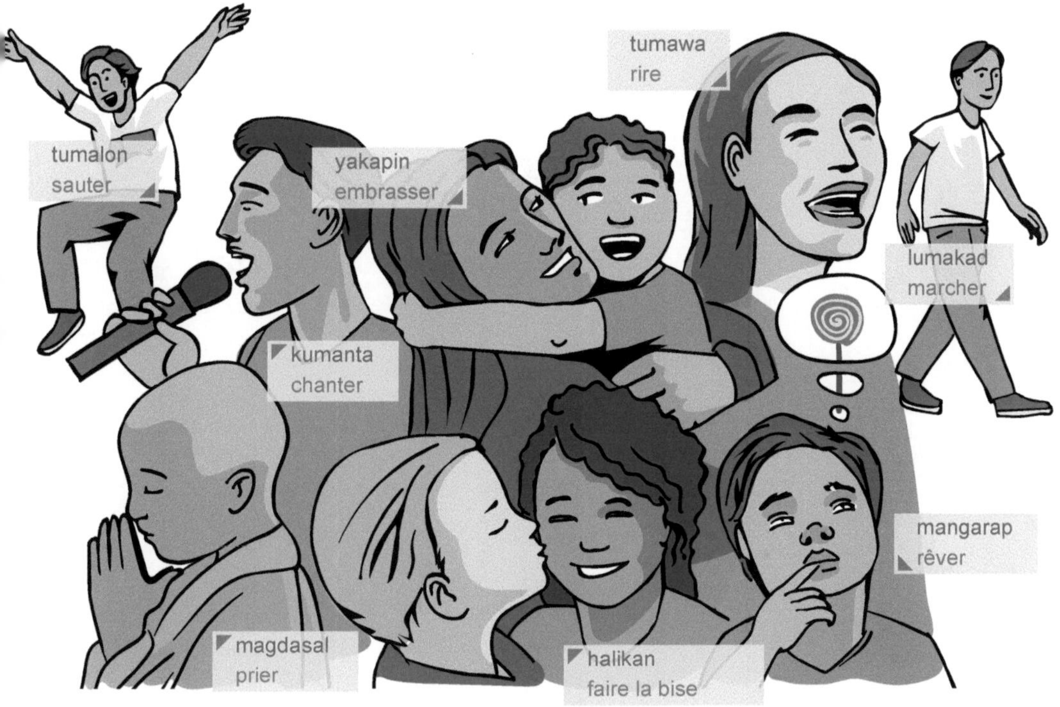

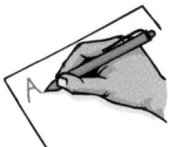

sumulat

écrire

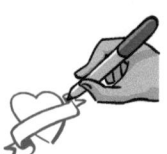

gumuhit

dessiner

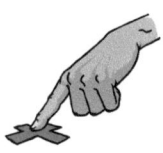

ipakita

montrer

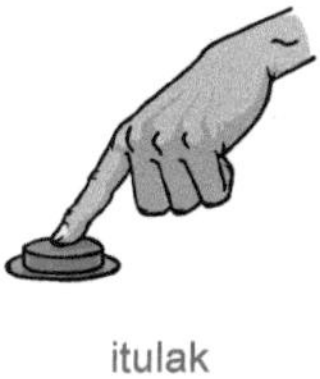

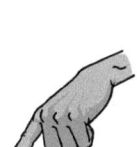

itulak

pousser

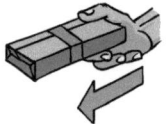

magbigay

donner

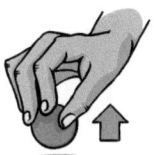

kunin

prendre

magkaroon

avoir

gawin

faire

maging

être

tumayo

être debout

tumakbo

courir

hilahin

trier

itapon

jeter

malaglag

tomber

mahiga

être couché

hintayin

attendre

dalhin

porter

umupo

être assis

magbihis

s'habiller

matulog

dormir

gumising

se réveiller

tumingin

regarder

umiyak

pleurer

estilo

caresser

magsuklay

peigner

magsalita

parler

intindihin

comprendre

magtanong

demander

makinig

écouter

uminom

boire

kumain

manger

linisin

ranger

mahal

aimer

magluto

cuire

magmaneho

conduire

lumipad

voler

maglayag

faire de la voile

kalkulahin

calculer

basahin

lire

matuto

apprendre

trabaho

travailler

pakasalan

se marier

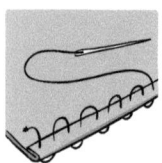

tahiin

coudre

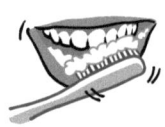

magsipilyo ng ngipin

brosser les dents

patayin

tuer

manigarilyo

fumer

magpadala

envoyer

pamilya
la famille

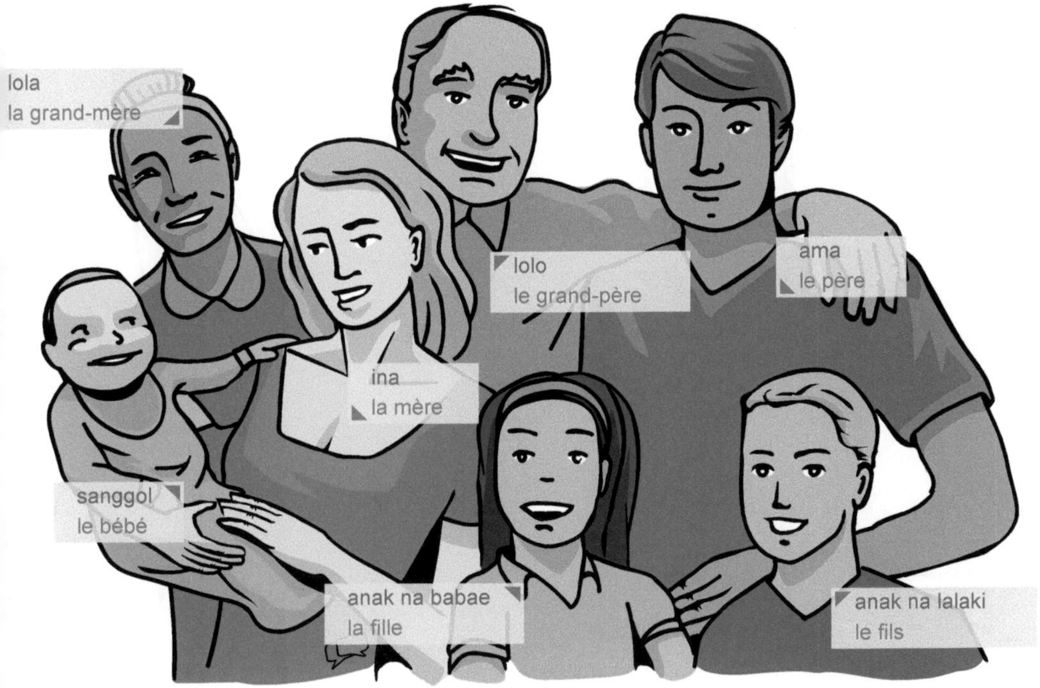
lola
la grand-mère
lolo
le grand-père
ama
le père
ina
la mère
sanggol
le bébé
anak na babae
la fille
anak na lalaki
le fils

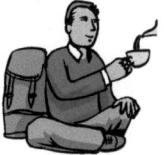

panauhin

l'hôte

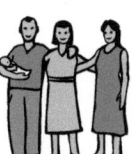

tiya

la tante

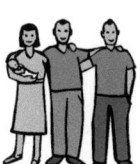

tiyo

l'oncle

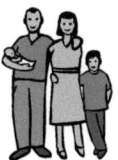

kuya

le frère

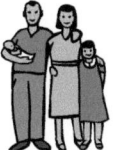

ate

la sœur

katawan

le corps

noo
le front
mata
l'œil
balikat
l'épaule
daliri
le doigt
mukha
le visage
baba
le menton
kamay
la main
binti
la jambe
suso
la poitrine
bisig
le bras

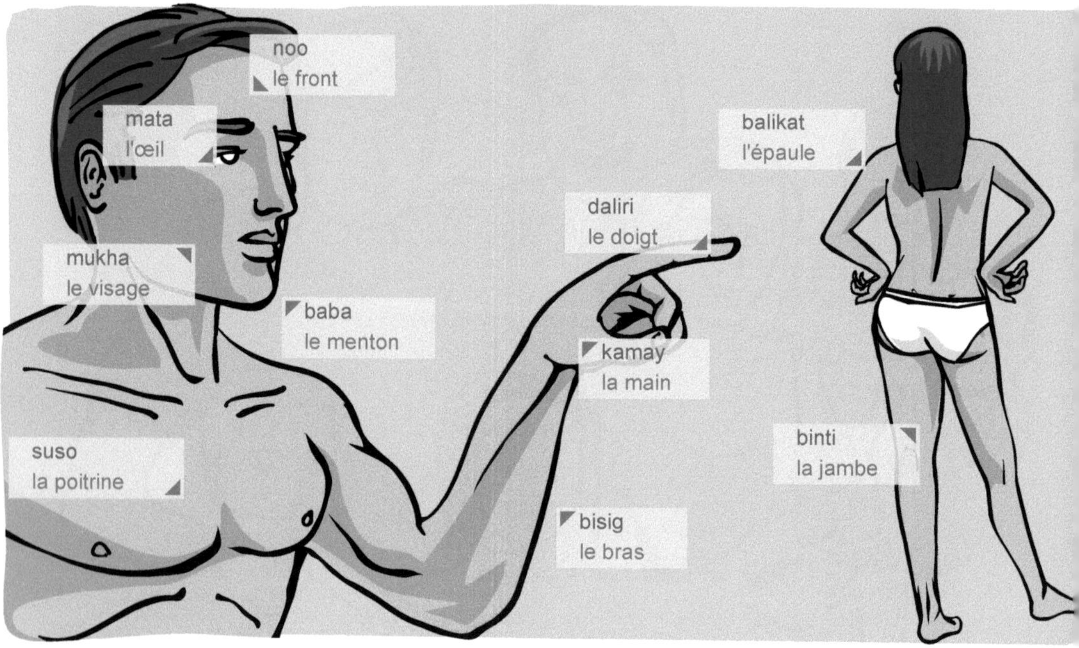

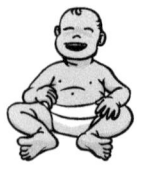

sanggol

le bébé

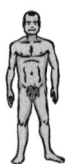

lalaki

l'homme

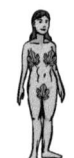

babae

la femme

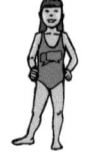

batang babae

la fille

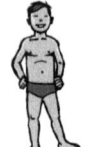

batang lalaki

le garçon

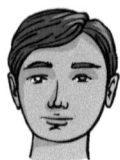

ulo

la tête

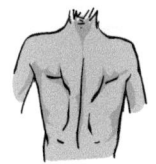

likod

le dos

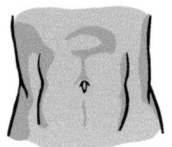

tiyan

le ventre

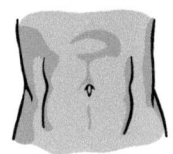

pusod

le nombril

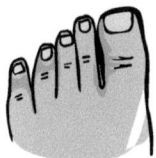

daliri ng paa

l'orteil

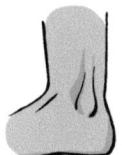

takong

le talon

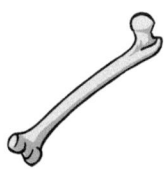

buto

l'os

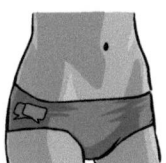

balakang

la hanche

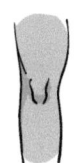

tuhod

le genou

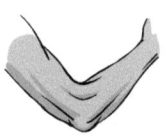

siko

le coude

ilong

le nez

gitna

les fesses

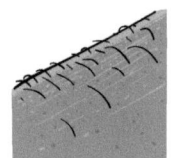

balat

la peau

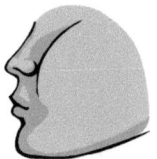

pisngi

la joue

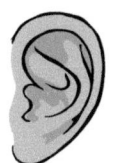

tainga

l'oreille

labi

la lèvre

bibig

la bouche

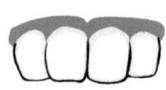

ngipin

la dent

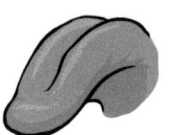

dila

la langue

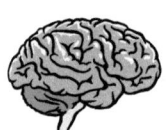

utak

le cerveau

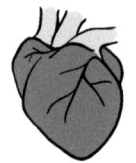

puso

le cœur

kalamnan

le muscle

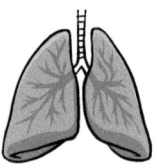

baga

les poumons

atay

le foie

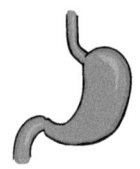

sikmura

l'estomac

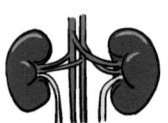

mga bato

les reins

pagtatalik

le rapport sexuel

kondom

le préservatif

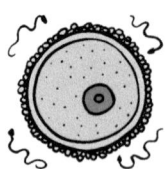

obyum

l'ovule

semen

le sperme

pagbubuntis

la grossesse

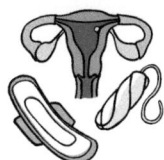

pagreregla

la menstruation

vagina

le vagin

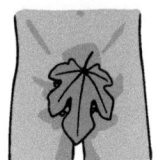

ari ng lalaki

le pénis

kilay

le sourcil

buhok

les cheveux

leeg

le cou

ospital
l'hôpital

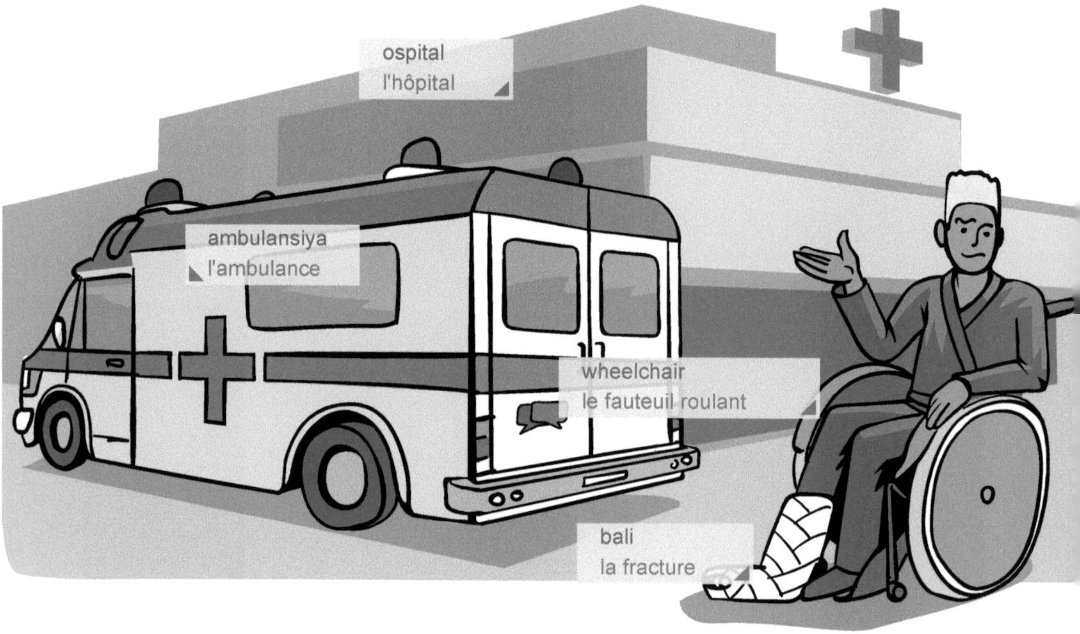

ospital
l'hôpital
ambulansiya
l'ambulance
wheelchair
le fauteuil roulant
bali
la fracture

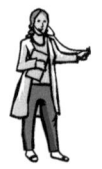

doktor

le médecin

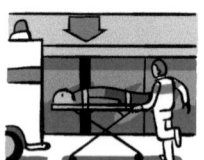

silid pang-emergency

le service des urgences

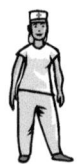

nars

l'infirmière

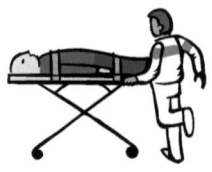

emerhensiya

l'urgence

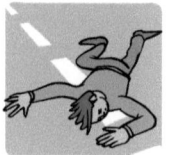

walang malay

inconscient

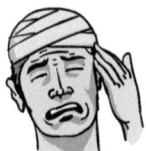

pananakit

la douleur

pinsala

la blessure

nagdurugo

l'hémorragie

atake sa puso

la crise cardiaque

atake serebral

l'attaque cérébrale

alerdye

l'allergie

ubo

la toux

lagnat

la fièvre

trangkaso

la grippe

pagdudumi

la diarrhée

sakit ng ulo

le mal de tête

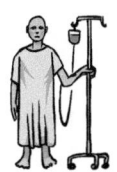

kanser

le cancer

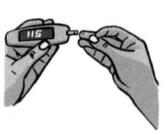

diyabetis

le diabète

siruhano

le chirurgien

iskalpel

le scalpel

operasyon

l'opération

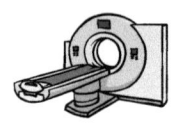

CT
le CT

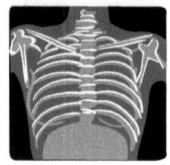

x-ray
la radiographie

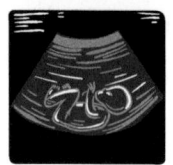

ultrasound
l'échographie

maskara sa mukha
le masque

sakit
la maladie

silid-antayan
la salle d'attente

saklay
la béquille

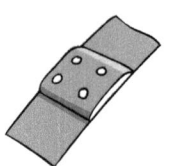

plaster
le pansement

benda
le pansement

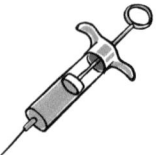

iniksyon
l'injection

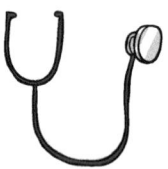

istetoskopyo
le stéthoscope

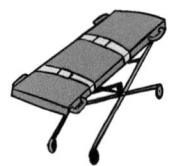

estretser
le brancard

klinikal na termometro
le thermomètre

pagsilang
l'accouchement

labis sa timbang
la surcharge pondérale

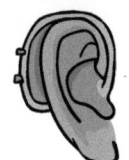

hearing-aid

l'appareil auditif

pang-disimpekta

le désinfectant

impeksyon

l'infection

bayrus

le virus

HIV / AIDS

le VIH / le sida

medisina

le médicament

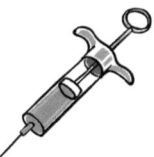

bakuna

la vaccination

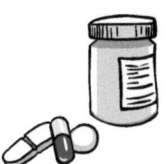

mga tableta

les comprimés

tabletas

la pilule

emergency na tawag

l'appel d'urgence

pagmamatyag sa presyon
ng dugo

le tensiomètre

may sakit / malusog

malade / sain

Tulong!
Au secours !

alarma
l'alarme

asulto
l'assaut

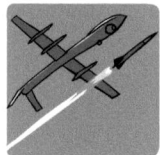

atake
l'attaque

panganib
le danger

labasang pang-emergency
la sortie de secours

Sunog!
Au feu!

fire extinguisher
l'extincteur

aksidente
l'accident

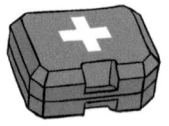

kagamitan sa paunang lunas
la trousse de premier secours

SOS
SOS

pulis
la police

Europa

l'Europe

Hilagang Amerika

l'Amérique du Nord

Timog Amerika

l'Amérique du Sud

Aprika

l'Afrique

Asya

l'Asie

Australia

l'Australie

Atlantika

l'Océan atlantique

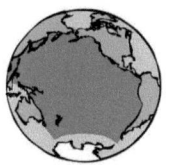

Pasipiko

l'Océan pacifique

Dagat Indiano

l'Océan indien

Dagat Antarktika

l'Océan antarctique

Dapat Arktika

l'Océan arctique

Hilagang polo

le Pôle nord

Timog polo

le Pôle sud

Antartika

l'Antarctique

mundo

la terre

lupa

le pays

dagat

la mer

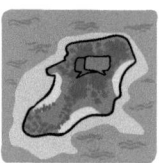

isla

l'île

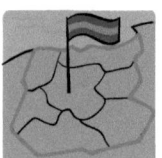

bansa

la nation

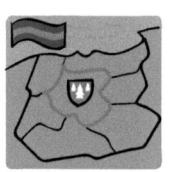

estado

l'état

mukha ng orasan

le cadran

orasang kamay

l'aiguille des heures

minutong kamay

l'aiguille des minutes

segundong kamay

l'aiguille des secondes

Anong oras na?

Quelle heure est-il ?

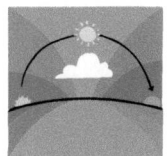

araw

le jour

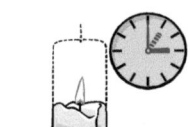

oras

le temps

ngayon

maintenant

digital na relo

la montre digitale

minuto

la minute

oras

l'heure

linggo

la semaine

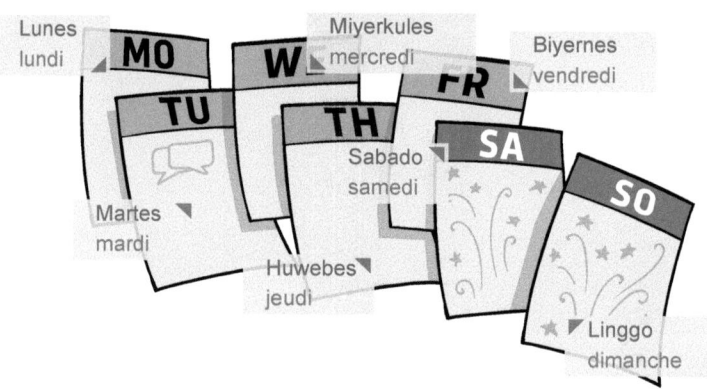

Lunes / lundi

Martes / mardi

Miyerkules / mercredi

Huwebes / jeudi

Biyernes / vendredi

Sabado / samedi

Linggo / dimanche

kahapon

hier

ngayon

aujourd'hui

bukas

demain

umaga

le matin

tanghali

le midi

gabi

le soir

mga araw ng negosyo

les jours ouvrables

katapusan ng linggo

le week-end

taon

l'année

ulan
la pluie
bahaghari
l'arc-en-ciel
niyebe
la neige
hangin
le vent
tagsibol
le printemps
taglagas
l'automne
tag-init
l'été
taglamig
l'hiver

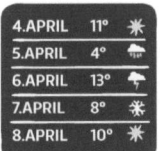

4.APRIL 11°
5.APRIL 4°
6.APRIL 13°
7.APRIL 8°
8.APRIL 10°

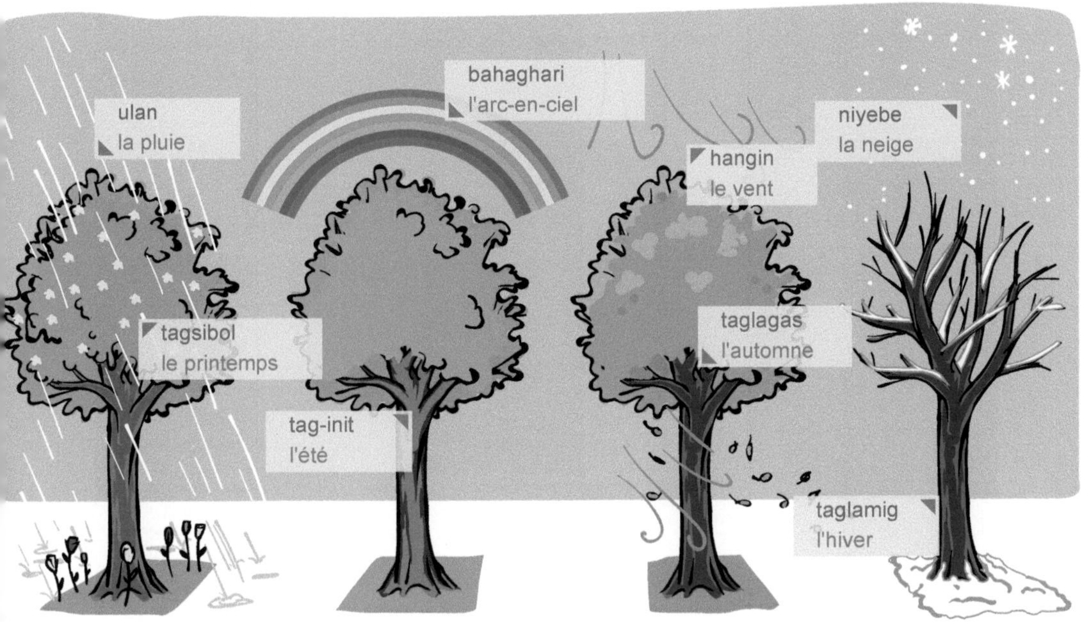

lagay ng panahon

la météo

F C
120 40
90 30
60 20
30 10
0 0
-30 -10
-20

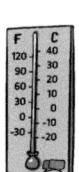

termometro

le thermomètre

sikat ng araw

la lumière du soleil

ulap

le nuage

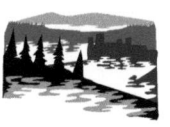

hamog

le brouillard

kahalumigmigan

l'humidité

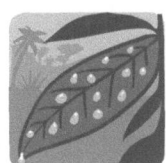

kidlat
la foudre

kulog
la tonnerre

bagyo
la tempête

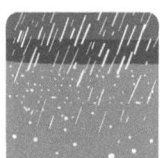

may yelong ulan
la grêle

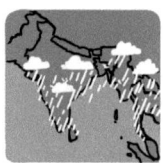

tag-ulan
la mousson

pagkain
l'inondation

yelo
la glace

Enero
janvier

Pebrero
février

Marso
mars

Abril
avril

Mayo
mai

Hunyo
juin

Hulyo
juillet

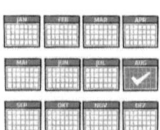

Agosto
août

taon - l'année

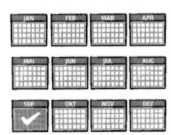

Setyembre
....
septembre

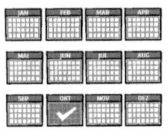

Oktubre
....
octobre

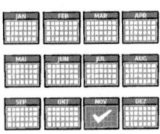

Nobyembre
....
novembre

Disyembre
....
décembre

mga hugis
les formes

bilog
....
le cercle

parisukat
....
le carré

rektanggulo
....
le rectangle

tatsulok
....
le triangle

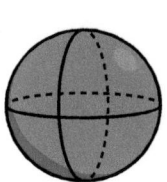

pabilog
....
la sphère

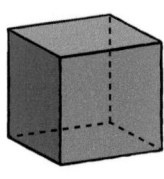

kyub
....
le cube

puti

blanc

dilaw

jaune

kahel

orange

rosas

rose

pula

rouge

ube

violet

asul

bleu

berde

vert

brown

marron

grey

gris

itim

noir

marami / kakaunti

beaucoup / peu

takot / kalmado

fâché / calme

maganda / pangit

joli / laid

simula / katapusan

le début / la fin

malaki / maliit

grand / petit

matingkad / madilim

clair / obscure

kuya / ate

frère / soeur

malinis / madumi

propre / sale

kumpleto / kulang

complet / incomplet

araw / gabi

le jour / la nuit

patay / buhay

mort / vivant

malawak / makipot

large / étroit

nakakain / hindi nakakain

comestible / incomestible

masama / mabuti

méchant / gentil

nakakatuwa / nakakainip

excité / ennuyé

mataba / payat

gros / mince

una / huli

le premier / le dernier

kaibigan / kaaway

l'ami / l'ennemi

puno / walang laman

plein / vide

matigas / malambot

dur / souple

mabigat / magaan

lourd / léger

gutom / uhaw

faim / soif

may sakit / malusog

malade / sain

ilegal / legal

illégal / légal

matalino / tanga

intelligent / stupide

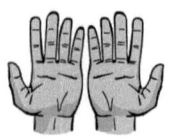

kaliwa / kanan

gauche / droite

malapit / malayo

proche / loin

bago /gamit na

nouveau / usé

wala /mayroon

rien / quelque chose

matanda / bata

vieux / jeune

naka-on / naka-off

marche / arrêt

bukas / sarado

ouvert / fermé

tahimik / maingay

faible / fort

mayaman / mahirap

riche / pauvre

tama / mali

correct / incorrect

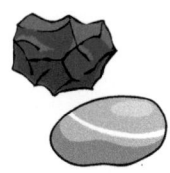

magaspang / makinis

rugueux / lisse

malungkot / masaya

triste / heureux

maikli / mahaba

court / long

mabagal / mabilis

lent / rapide

basa / tuyo

mouillé / sec

maligamgam / malamig

chaud / froid

digmaan / kapayapaan

la guerre / la paix

0

sero

zéro

1

isa

un / une

2

dalawa

deux

3

tatlo

trois

4

apat

quatre

5

lima

cinq

6

anim

six

7

pito

sept

8

walo

huit

9

siyam

neuf

10

sampu

dix

11

labing-isa

onze

12

labindalawa

douze

13

labintatlo

treize

14

labing-apat

quatorze

15

labinlima

quinze

16

labing-anim

seize

17

labimpito

dix-sept

18

labing-walo

dix-huit

19

labinsiyam

dix-neuf

20

dalawampu

vingt

100

daan

cent

1.000

libo

mille

1.000.000

milyon

le million

les langues

Ingles

l'anglais

Amerikan na Ingles

l'anglais américain

Tsinong Mandarin

le chinois mandarin

Hindi

le hindi

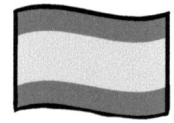

Espanyol

l'espagnol

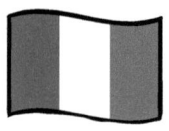

Pranses

le français

Arabe

l'arabe

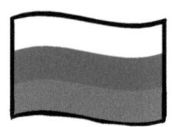

Ruso

le russe

Portuges

le portugais

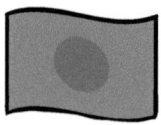

Bengali

le bengali

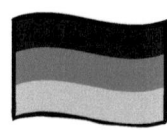

Aleman

l'allemand

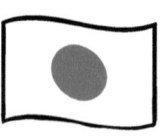

Hapon

le japonais

ako
je

ikaw
tu

siya / siya / ito
il / elle / ce, c', cela

kami
nous

ikaw
vous

sila
ils / elles

sino?
Qui ?

ano?
Quoi ?

paano?
Comment ?

saan?
Où ?

kailangan?
Quand ?

pangalan
le nom

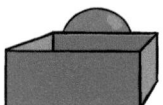

likuran

derrière

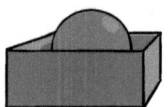

saan

dans

sa harap ng

devant

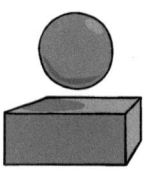

itaas

au-dessus

sa

sur

ilalim

en-dessous

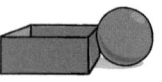

katabi

à côté de

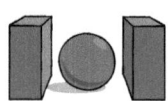

pagitan

entre

lugar

le lieu